SUGAR SKULLS
COLORING & ACTIVITY

Created by Angela Ronk DBA
TechneGraphix Graphic Design
www.TechneGraphix.com
Email: TechneGraphix@gmail.com

Published by CreateSpace August 19, 2016
Williamsburg, Virginia

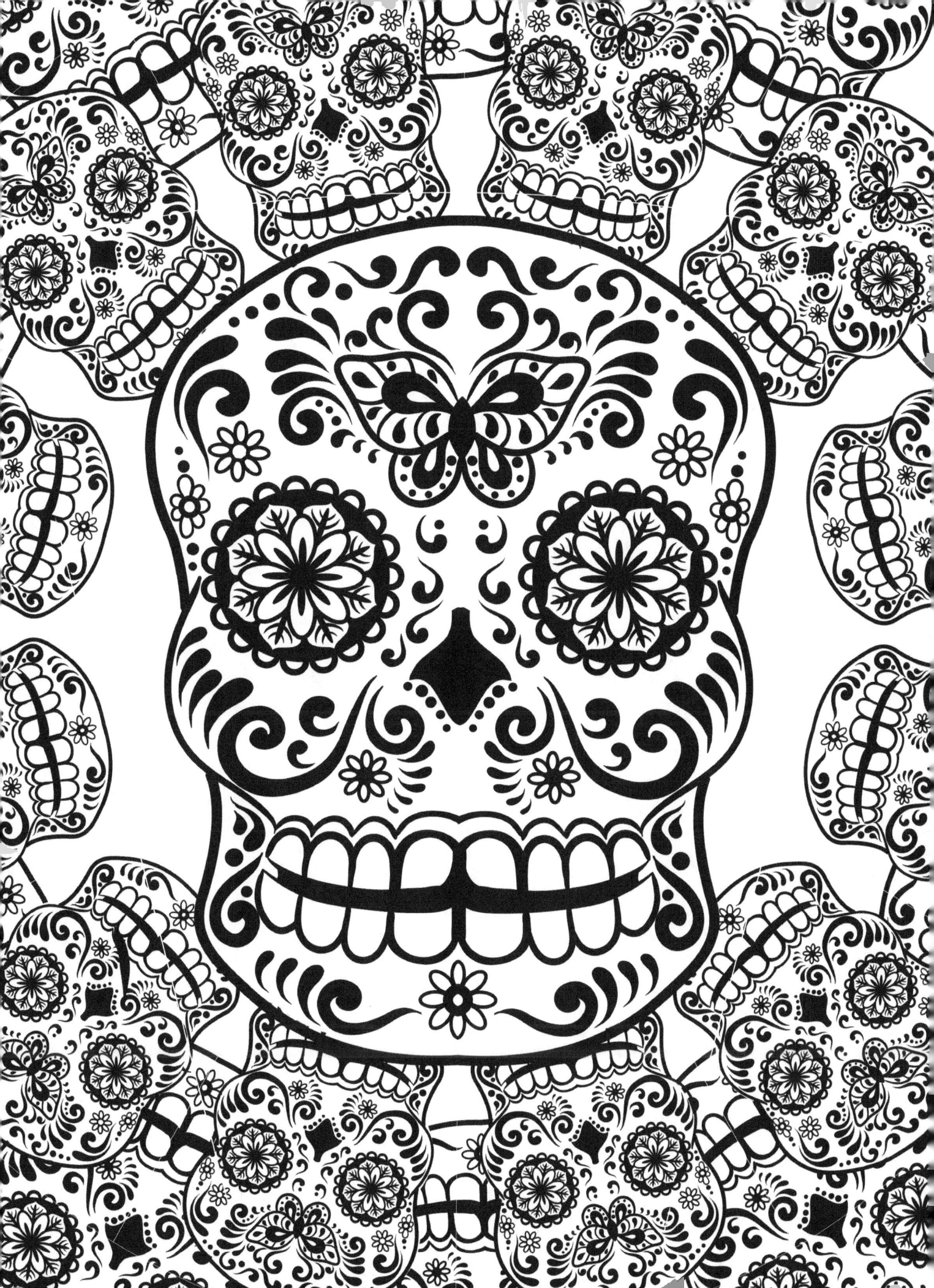

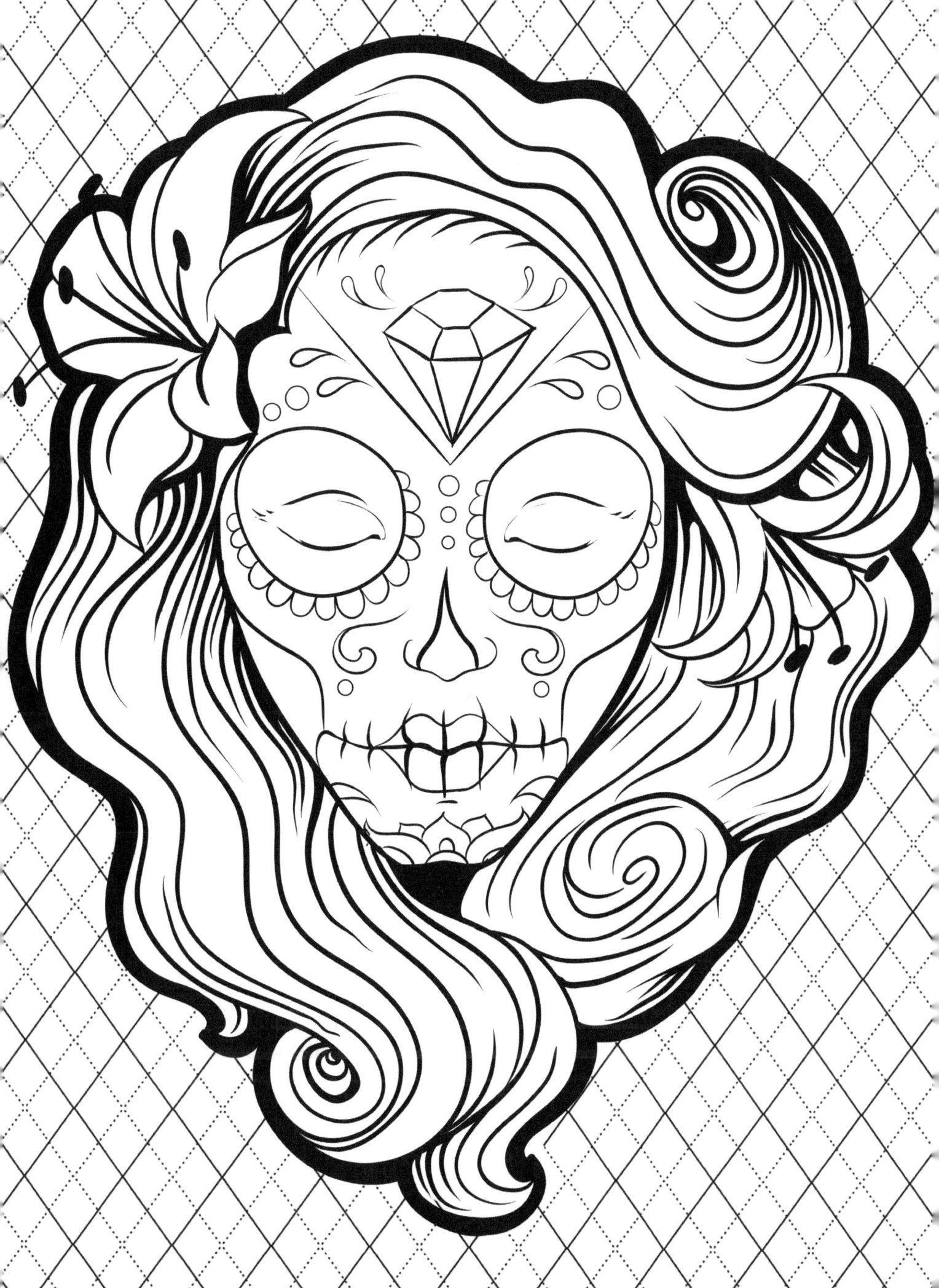

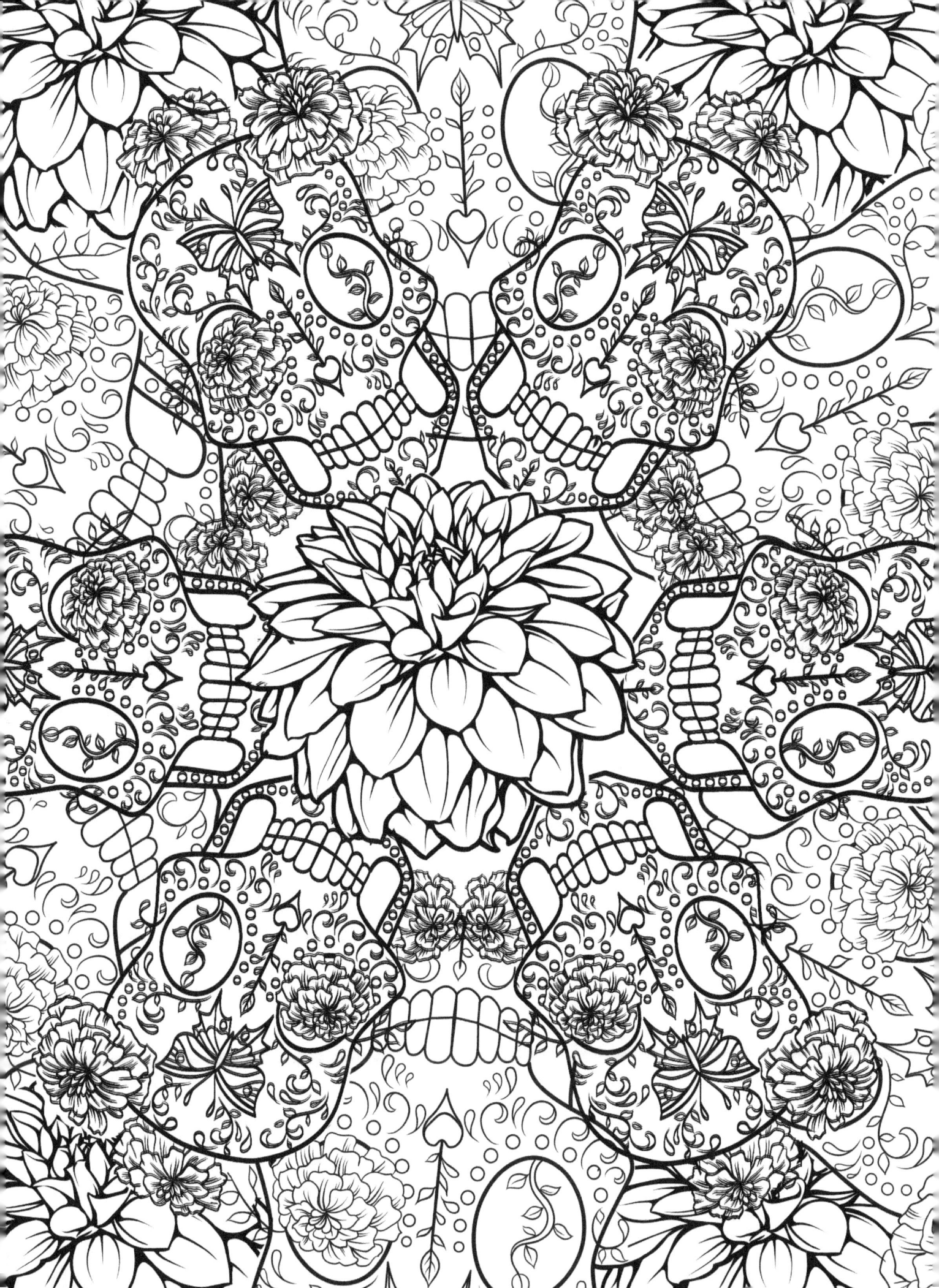

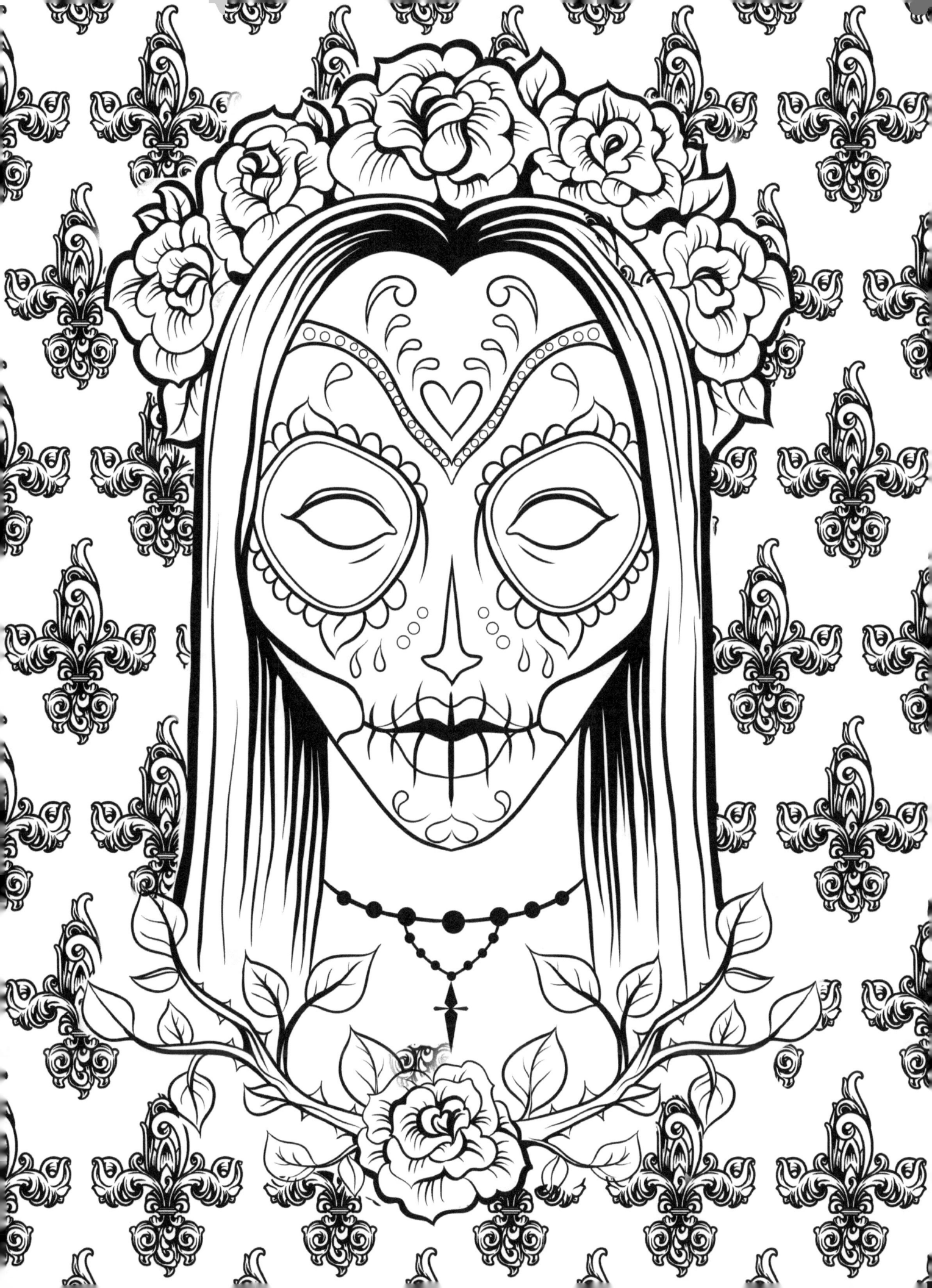

WORD SEARCH

AZURE   MAGENTA   CYAN   CHOCOLATE   CREAM   COPPER   GREEN
YELLOW   LIME   GOLD   ROSE   LILAC   RED   AQUAMARINE
ORANGE   MAUVE   BLUE   PURPLE   JADE   OLIVE
           BLACK   WHITE   RUBY   PINK   THISTLE

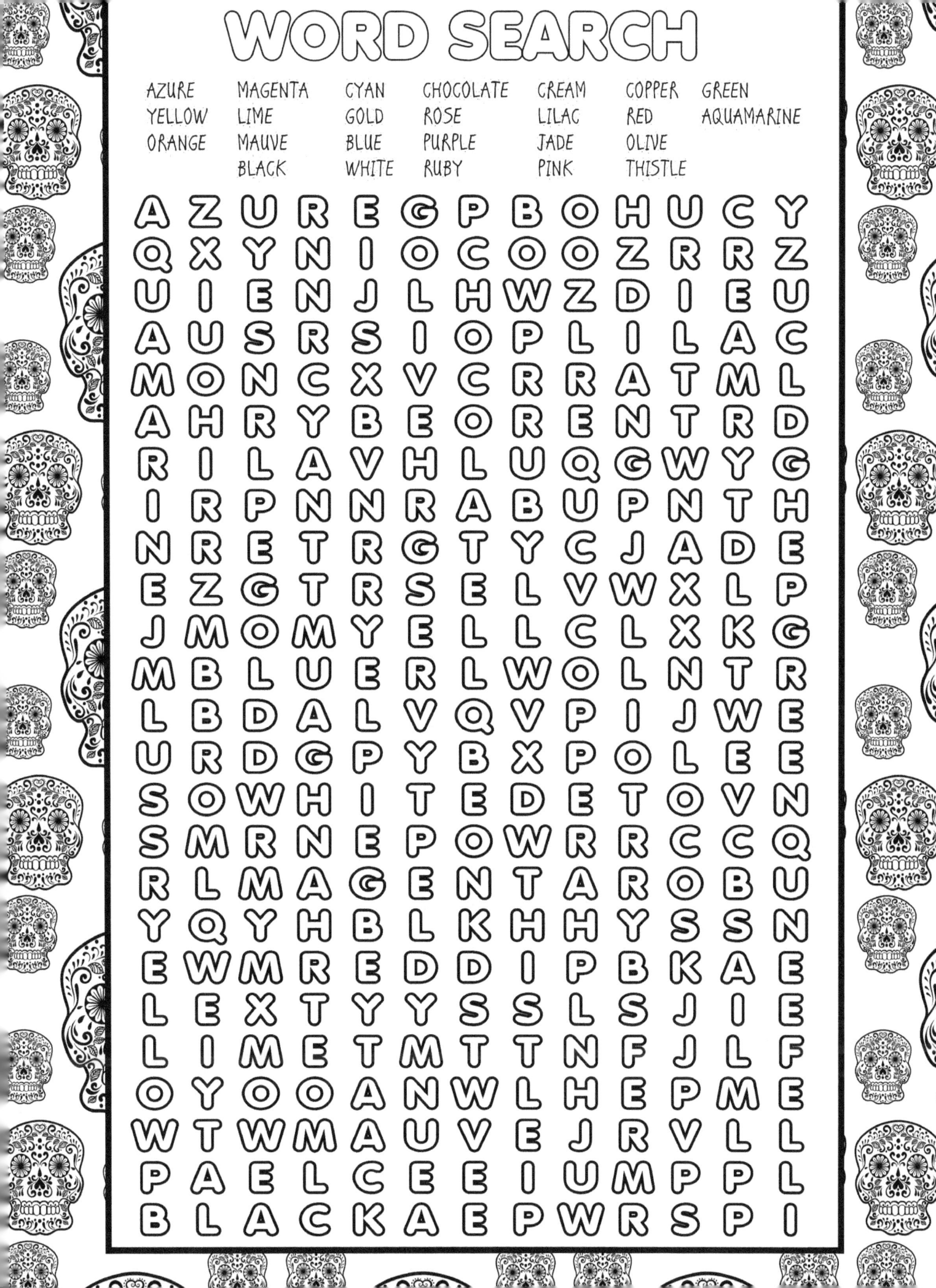

```
A Z U R E G P B O H U C Y
Q X Y N I O C O O Z R R Z
U I E N J L H W Z D I E U
A U S R S I O P L I L A C
M O N C X V C R R A T M L
A H R Y B E O R E N T R D
R I L A V H L U Q G W Y G
I R P N N R A B U P N T H
N R E T R G R T Y C J A E
E Z G T R S E L V W X L P
J M O M Y E L L C L X K G
M B L U E R L W O L N T R
L B D A L V Q V P I J W E
U R D G P Y B X P O L E E
S O W H I T E D E T O V N
S M R N E P O W R R C C Q
R L M A G E N T A R O B U
Y Q Y H B L K H H Y S E N
E W M R E D D I P B K A E
L E X T Y Y S S L S J I F
L I M E T M T T N F J L E
O Y O O A N W L H E P M L
W T W M A U V E J R V L L
P A E L C E E I U M P P I
B L A C K A E P W R S P I
```

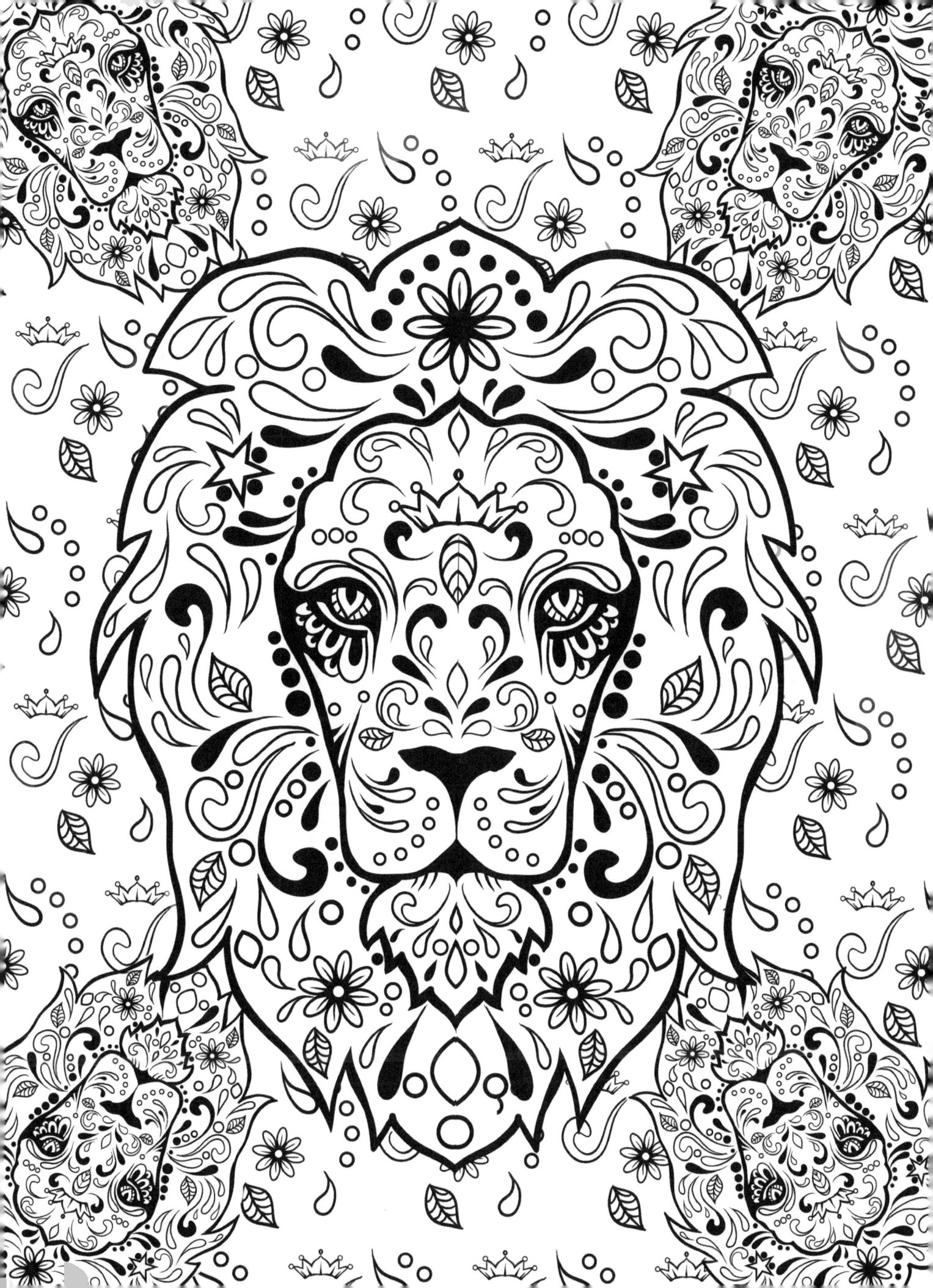

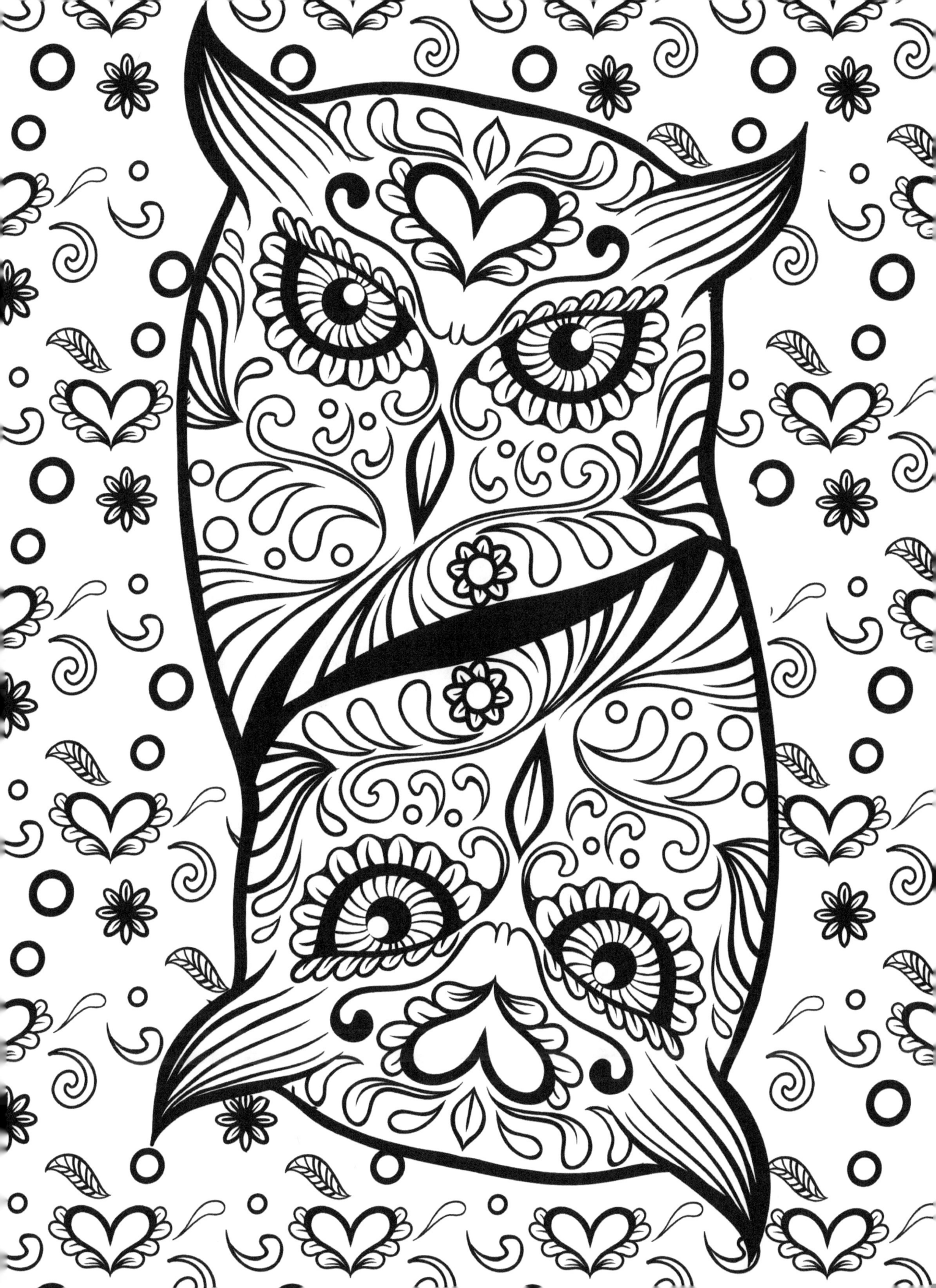

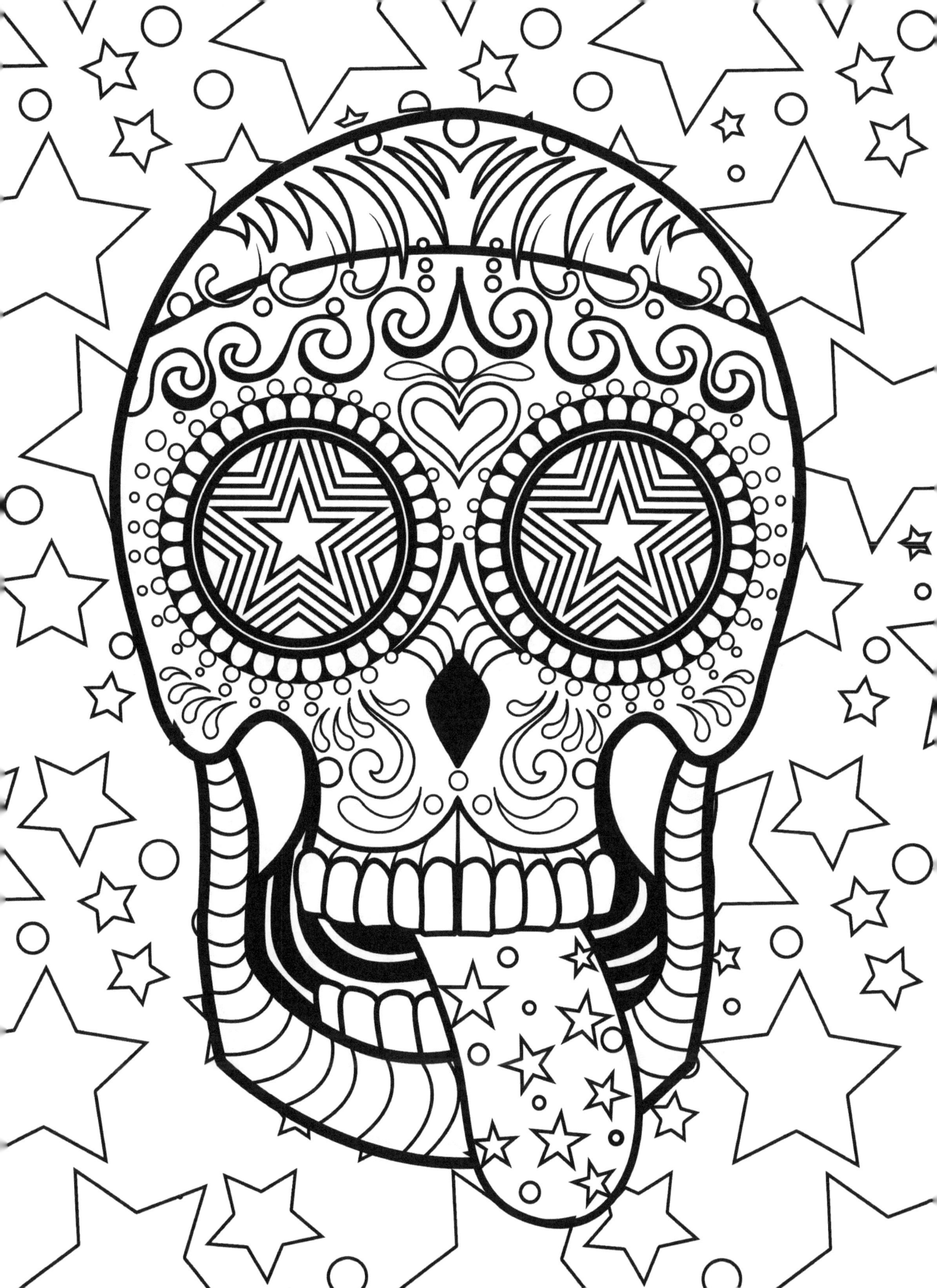

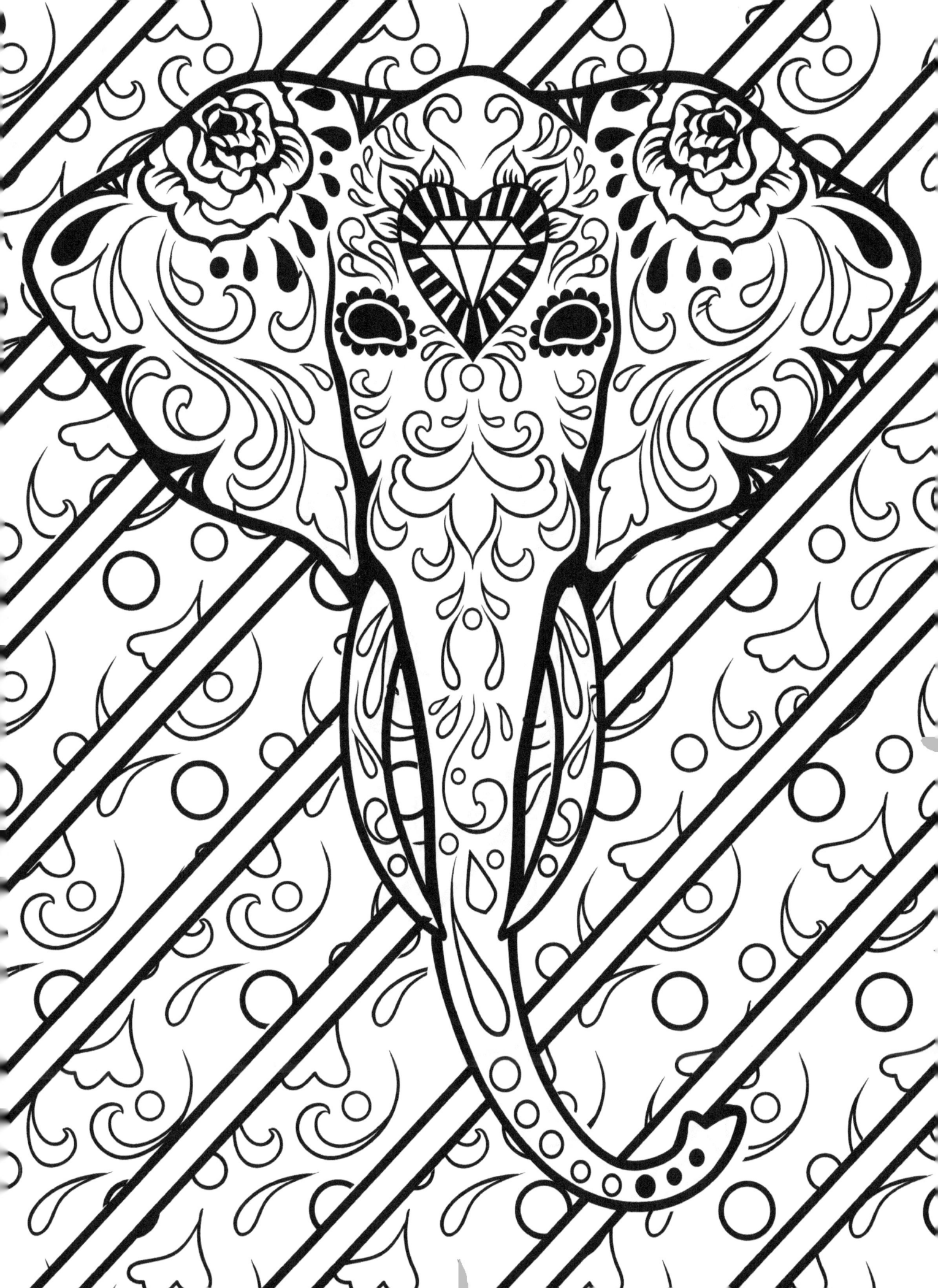

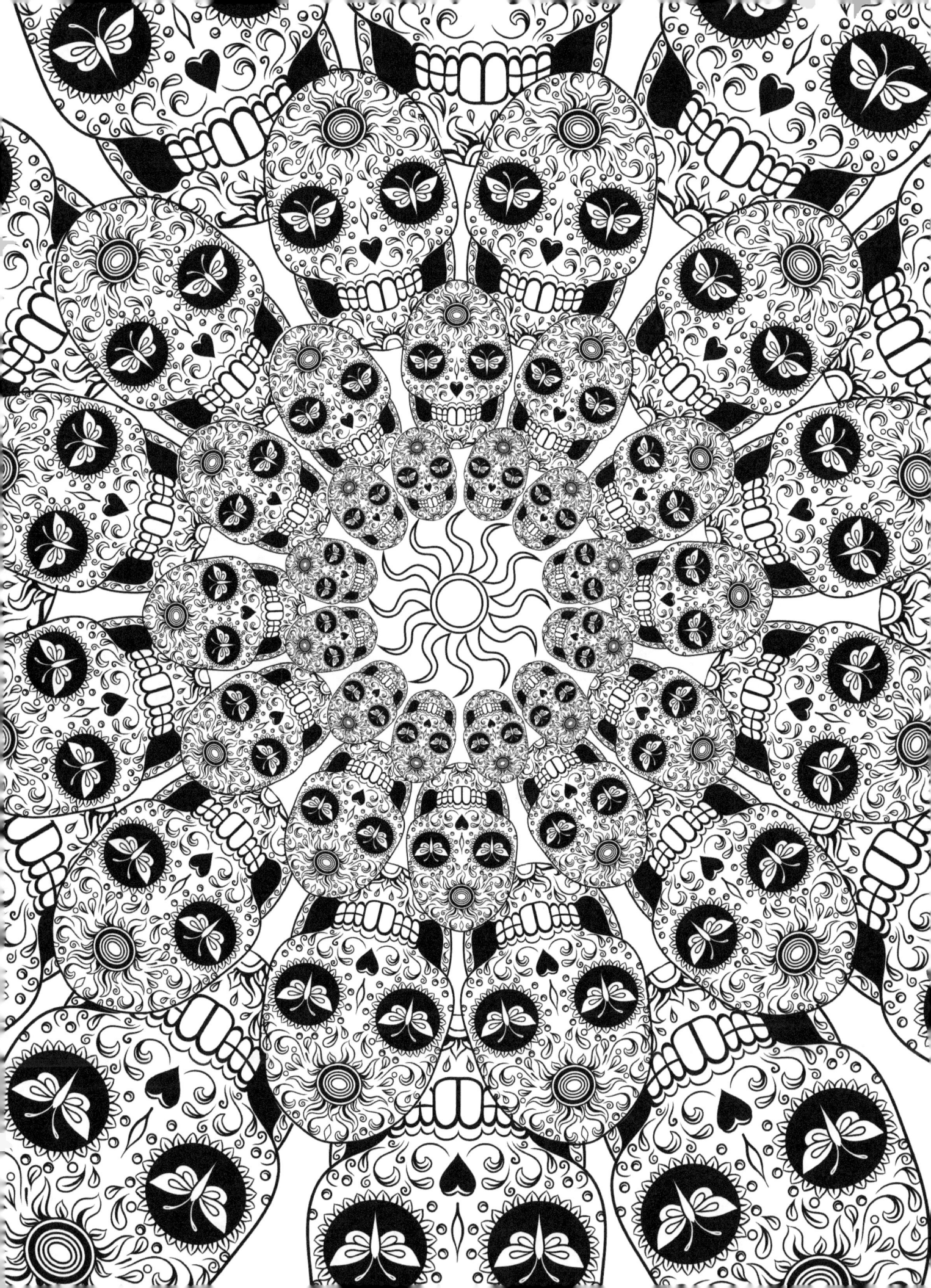

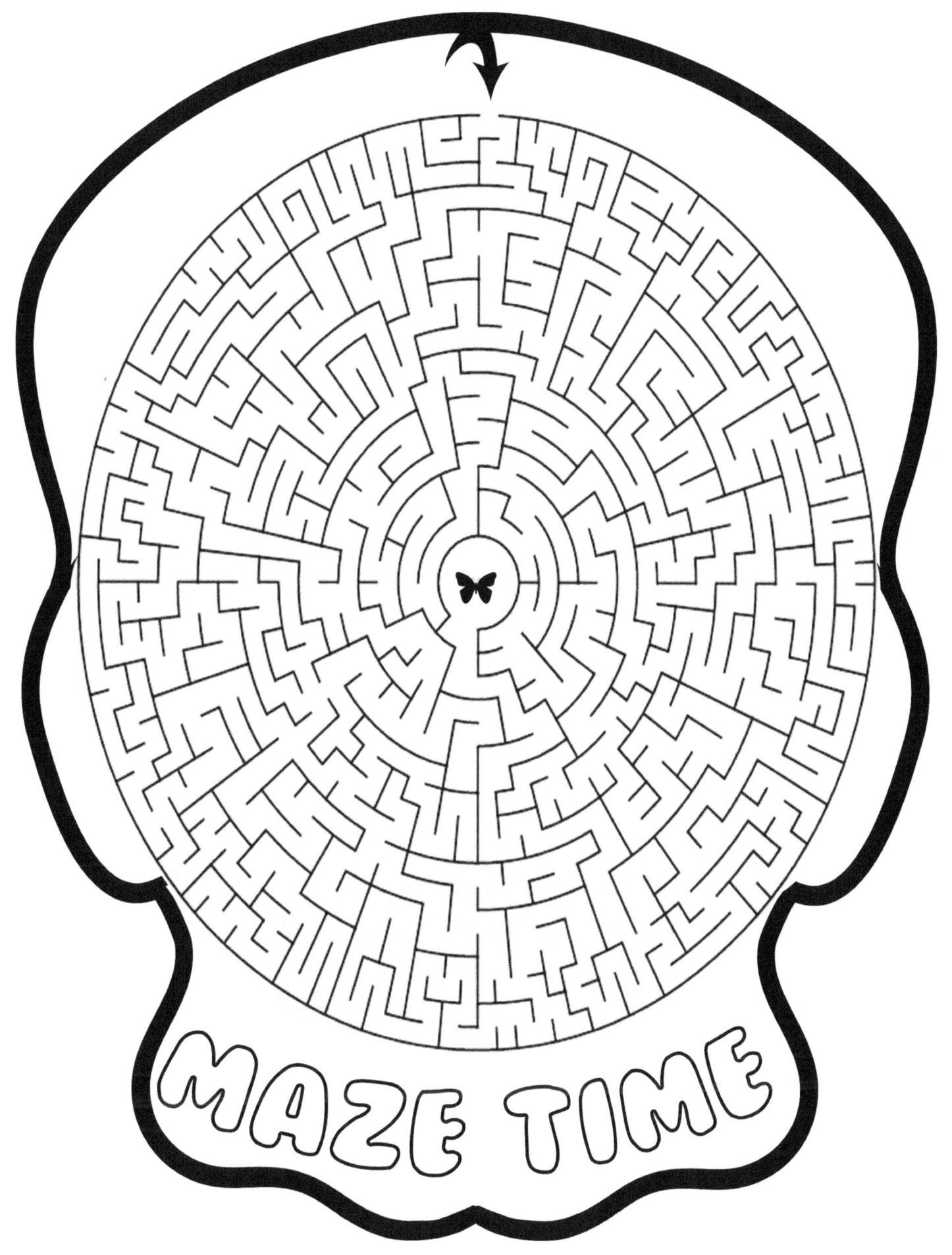

MAZE TIME

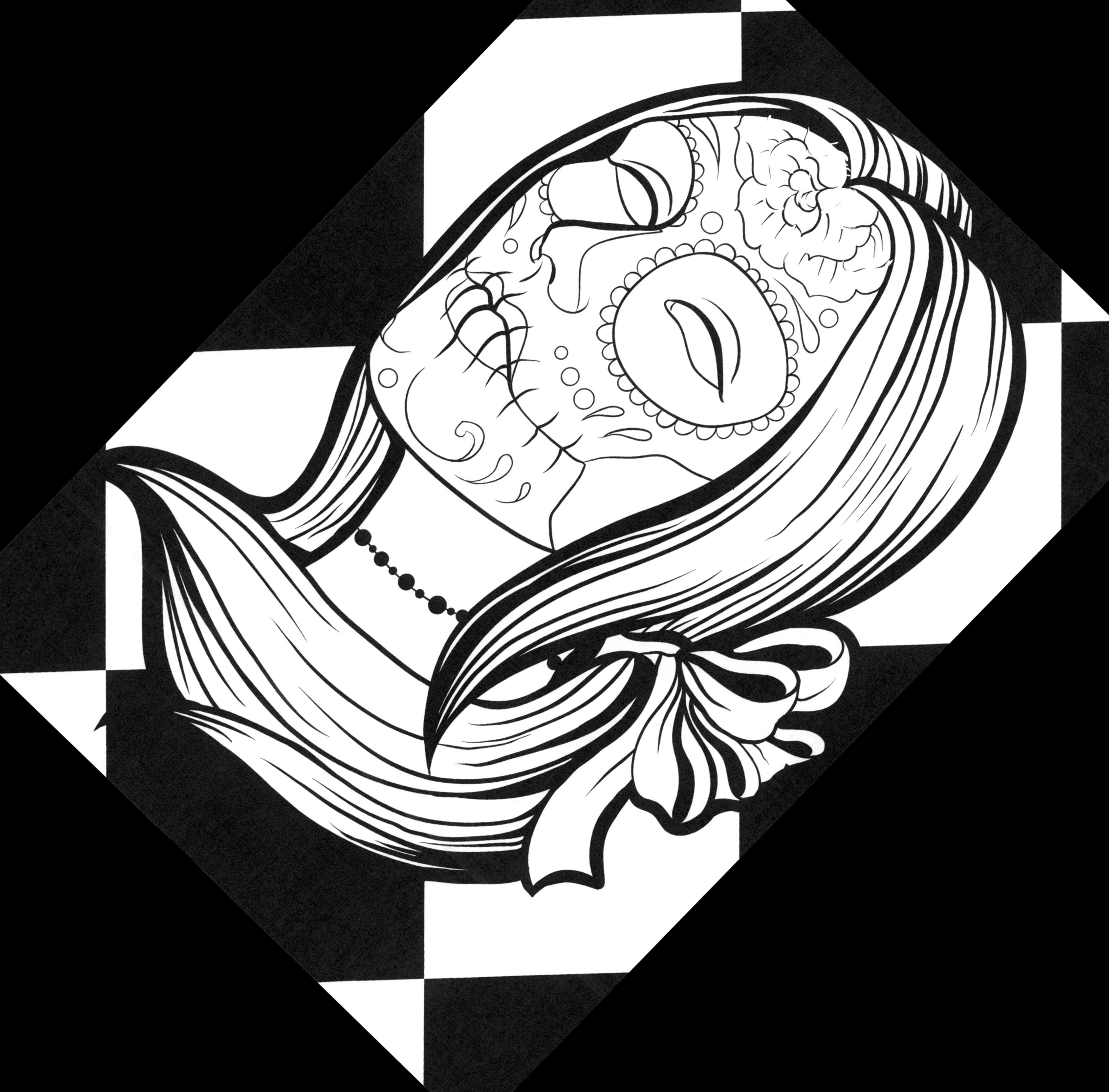

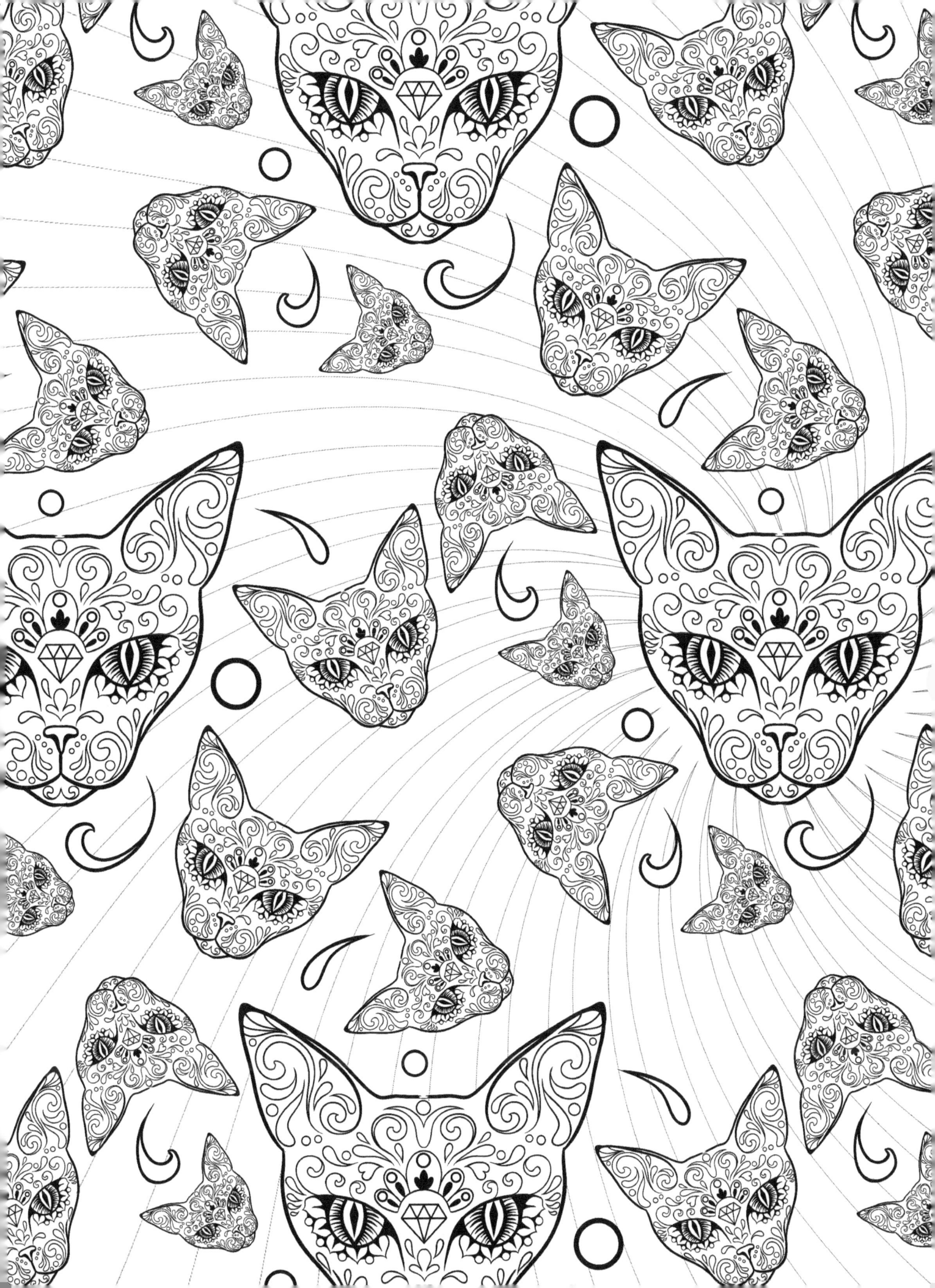

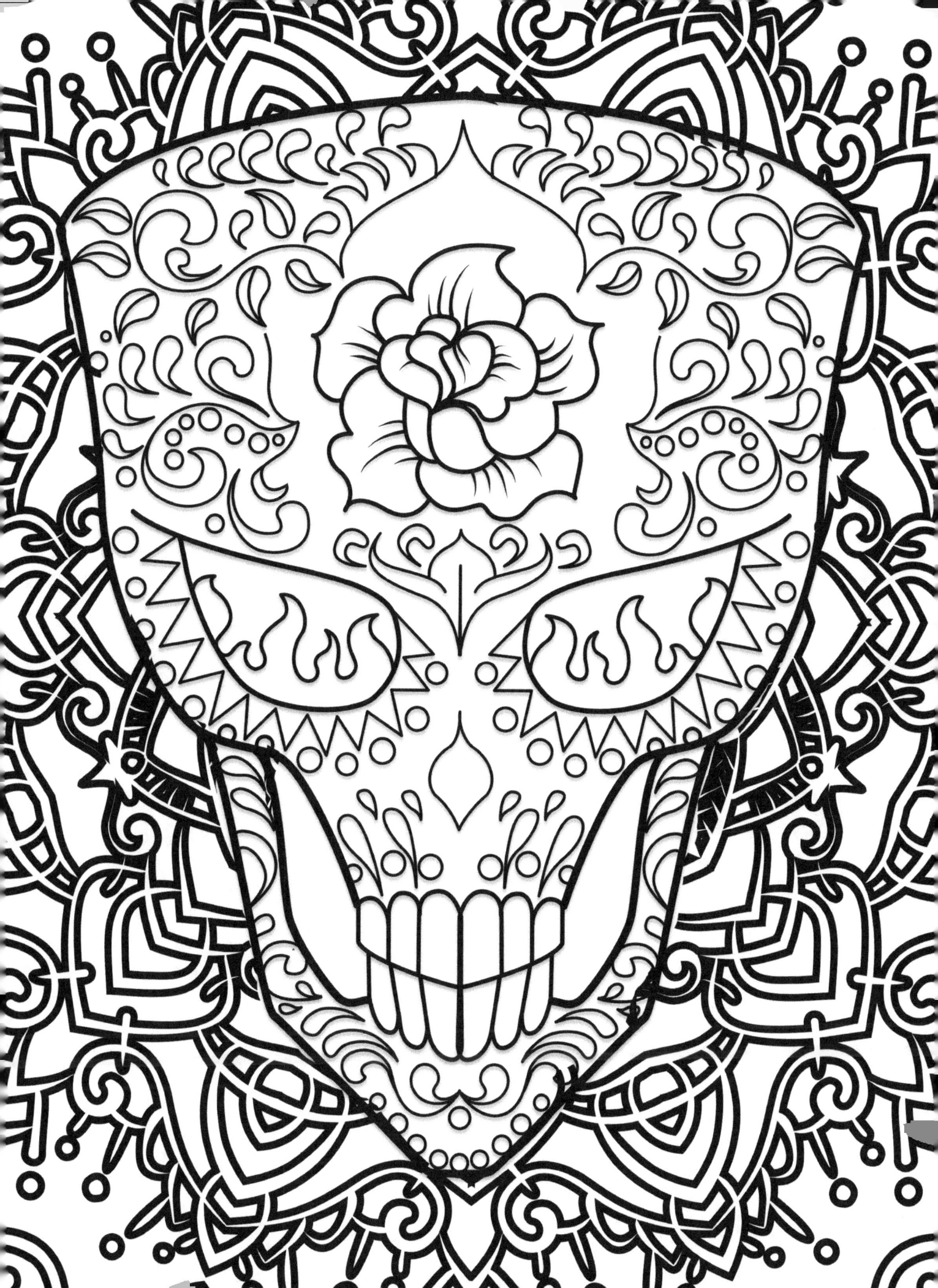

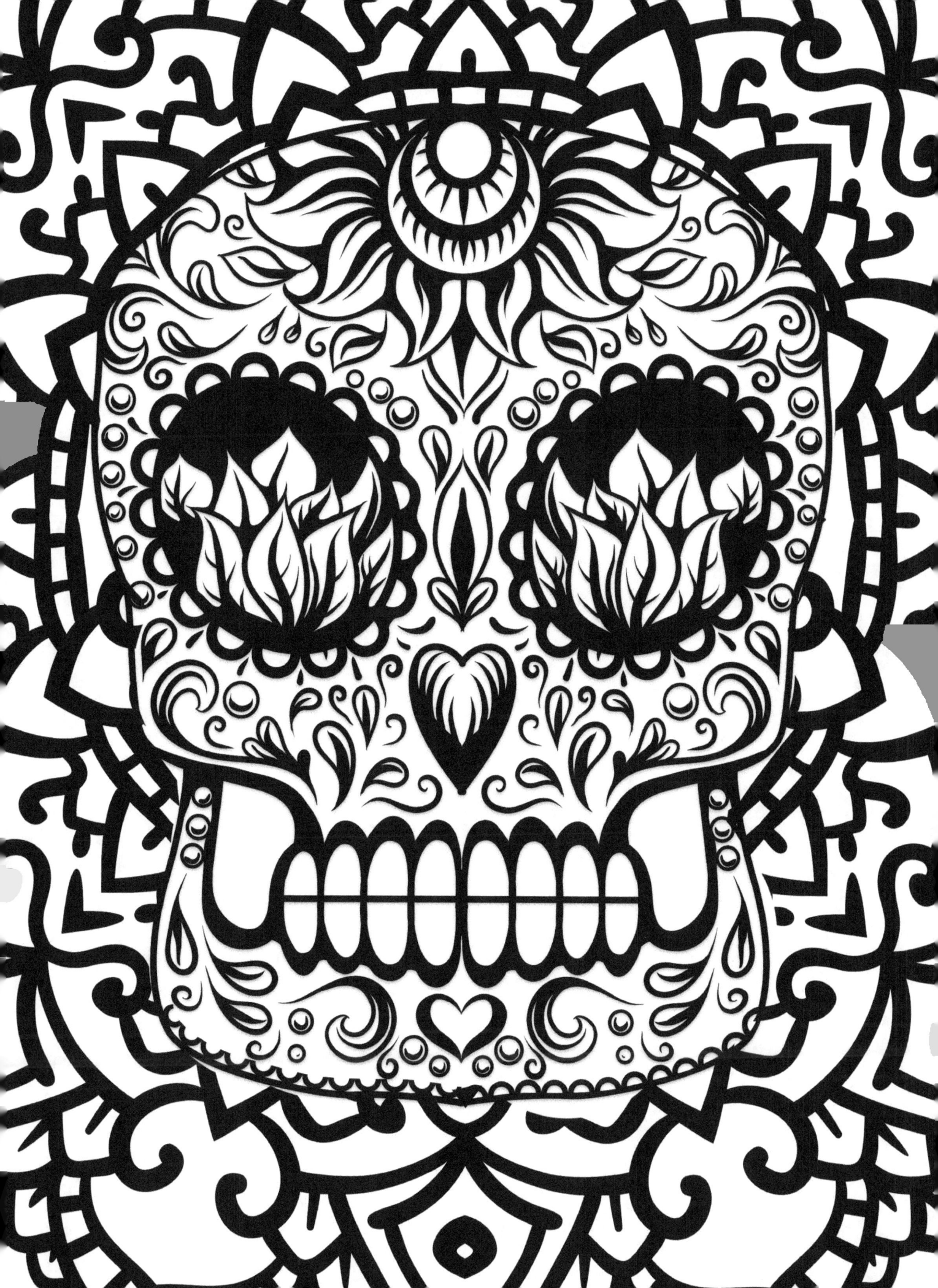

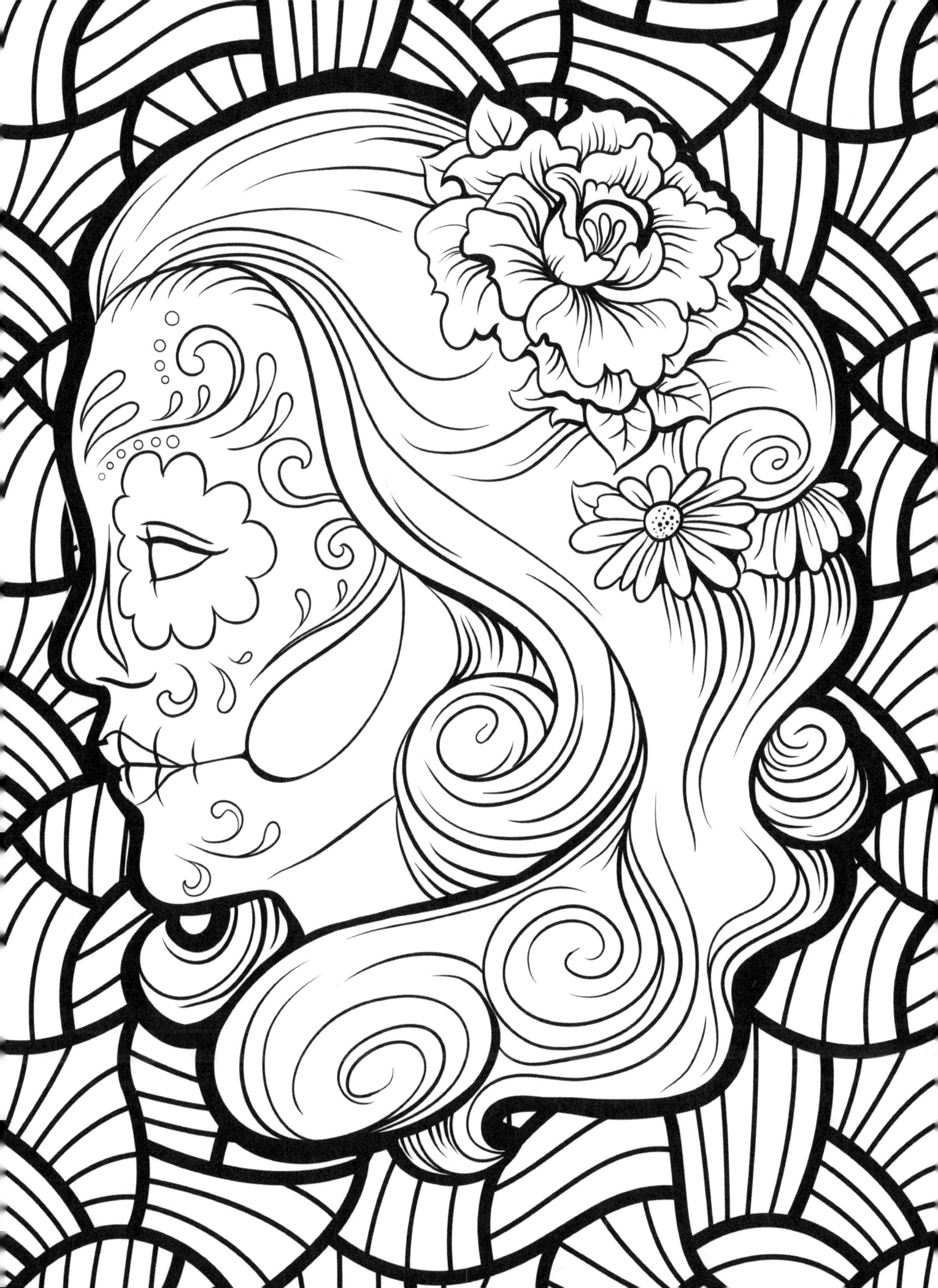

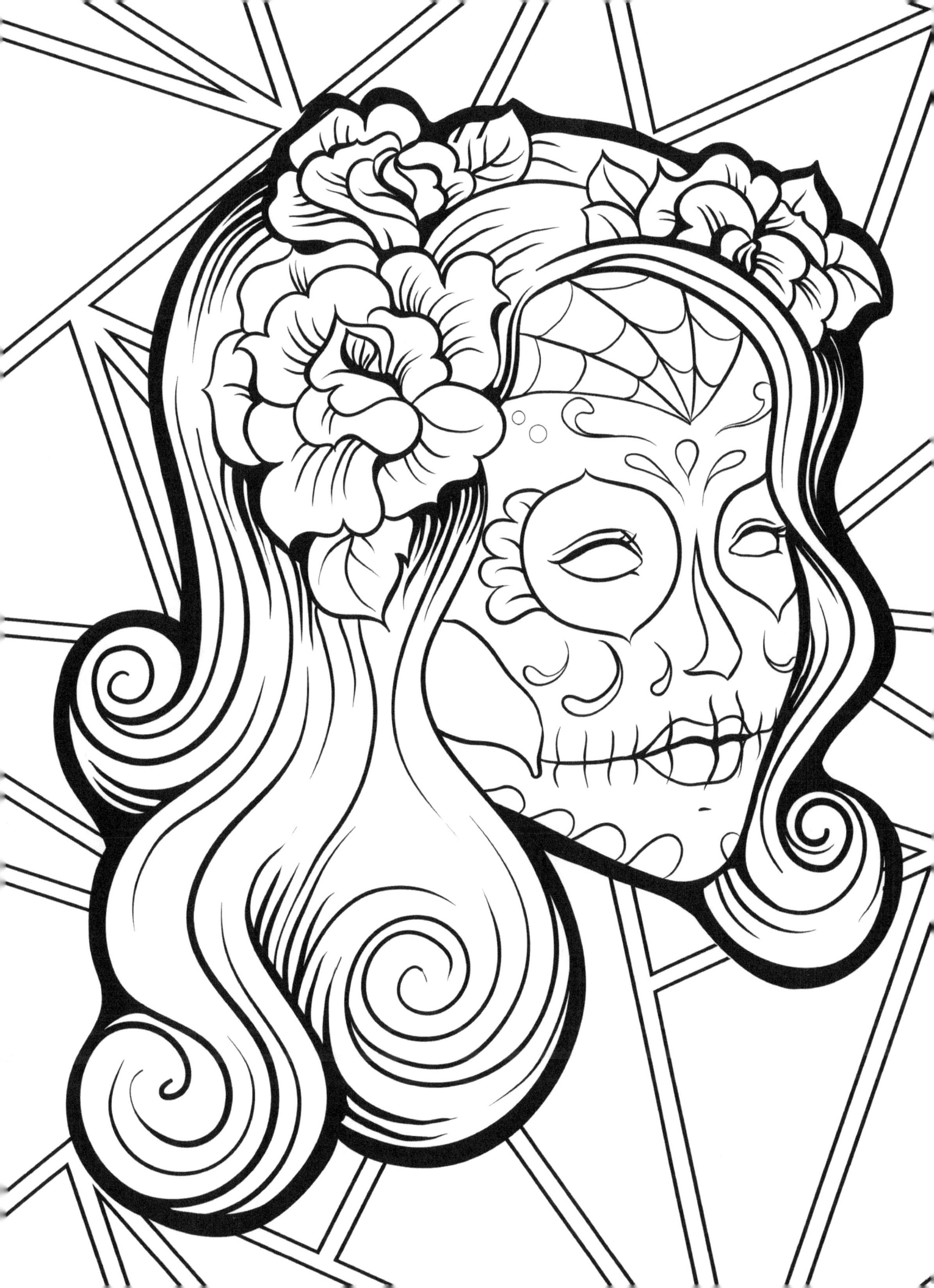

WORD SEARCH

MOLE   CATRINA   CALAVERAS   DIA DE LOS MUERTOS
ARCO   COPALLI   DEATH
CARETA   OFRENDA   SUGAR SKULLS
            CALAVERA   TODOS SANTOS

```
D O P S H A P W M L H H I Q T
I I C S I E O V A Y T O M U O
O B A B L P R P A A A I O W D
W R L D P O V E E S F S L E O
E C A V E Z O D A Q B F E N S
P N V R C L I V T Y Z K B V S
A I E Q L V O E H U X Z N I A
Z O R U P B E S D A I L Z N N
N C A T R I N A M N T S I N T
F A W L A V M T R U O O A E O
R R R R L D Q I Q R B E F D S
R E D P M L B U T A C R K S R
I T S Y L P B W Y L H E T E Y
C A L A V E R A S T W N B O T
L K P Y T O C R N A O D Y H S
P O M F T O T C D R R A H I R
C H X G Y Z R O F W R T O E E
S R J J M X Y V J R O T L E T
S T S K E E B F M Y I N D X Y
D Y S U G A R S K U L L S Z W
```

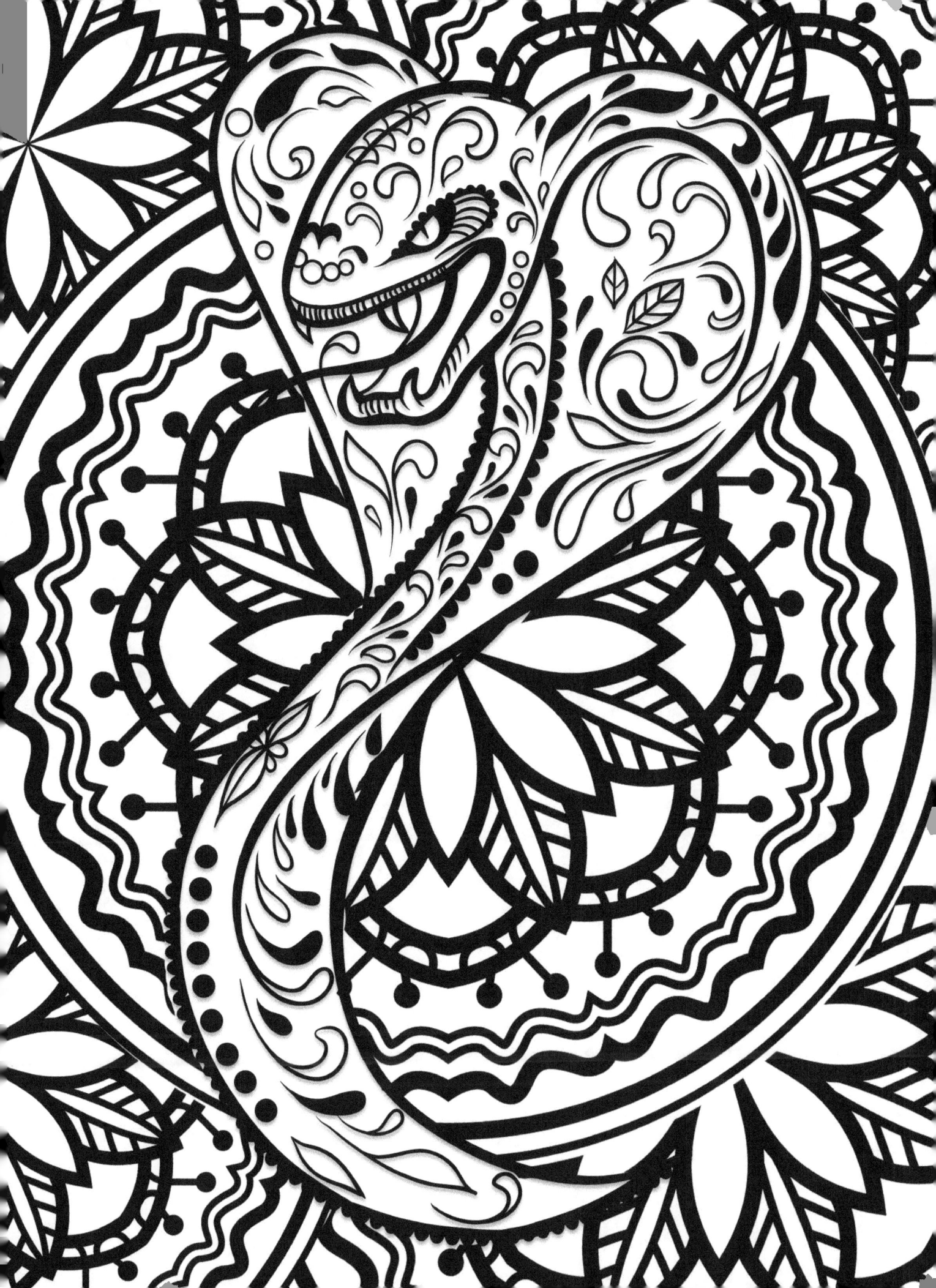

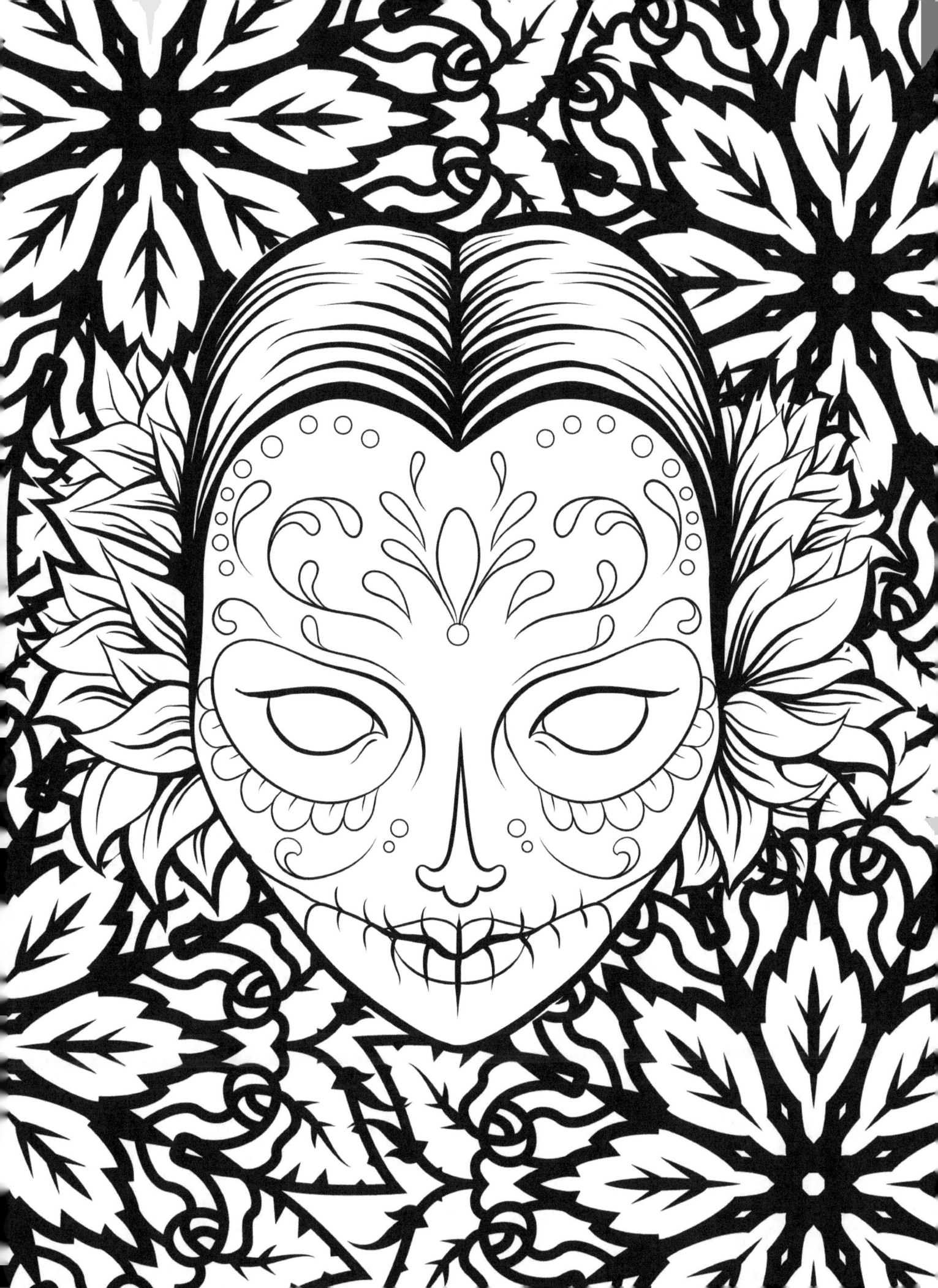

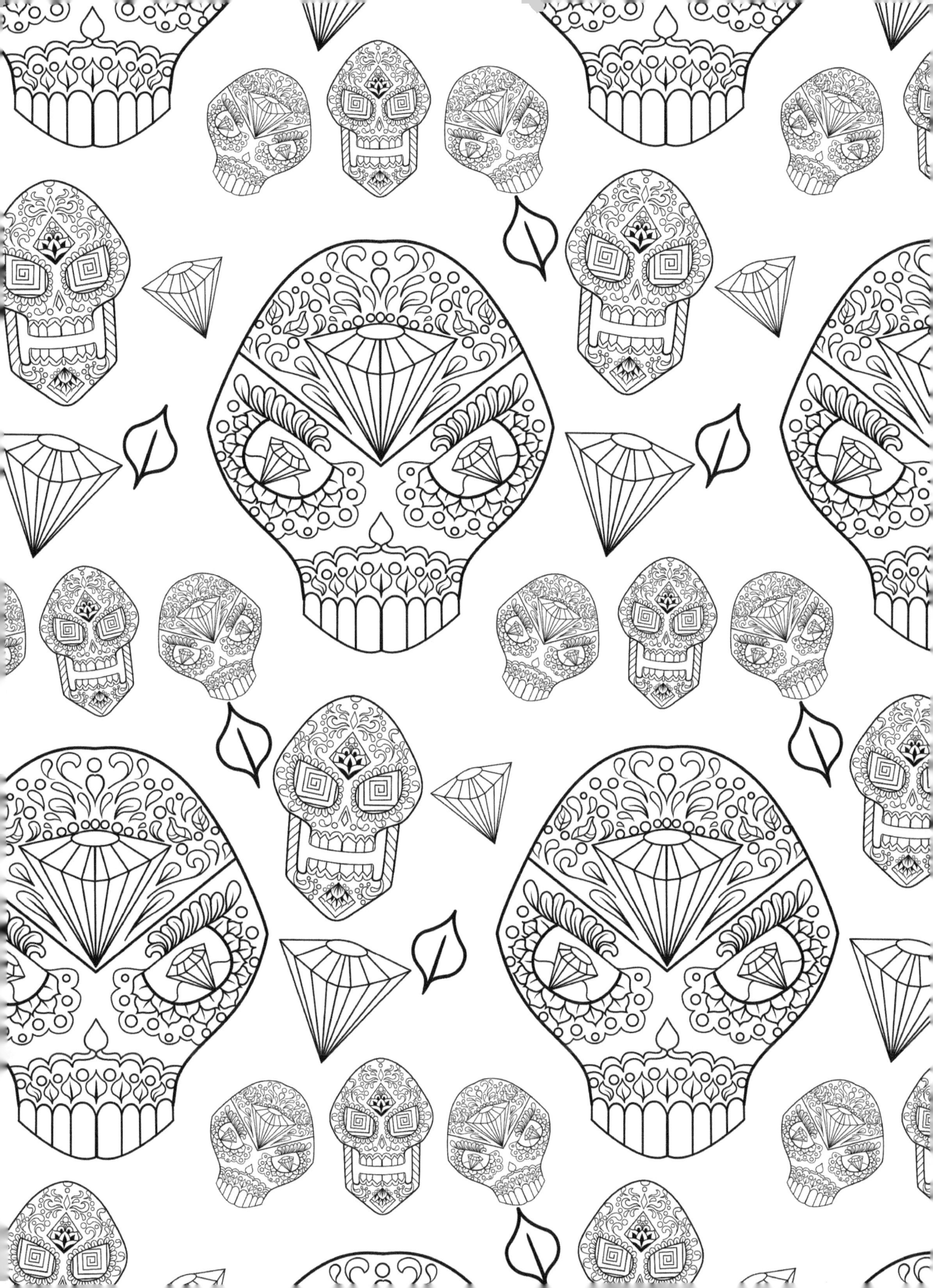

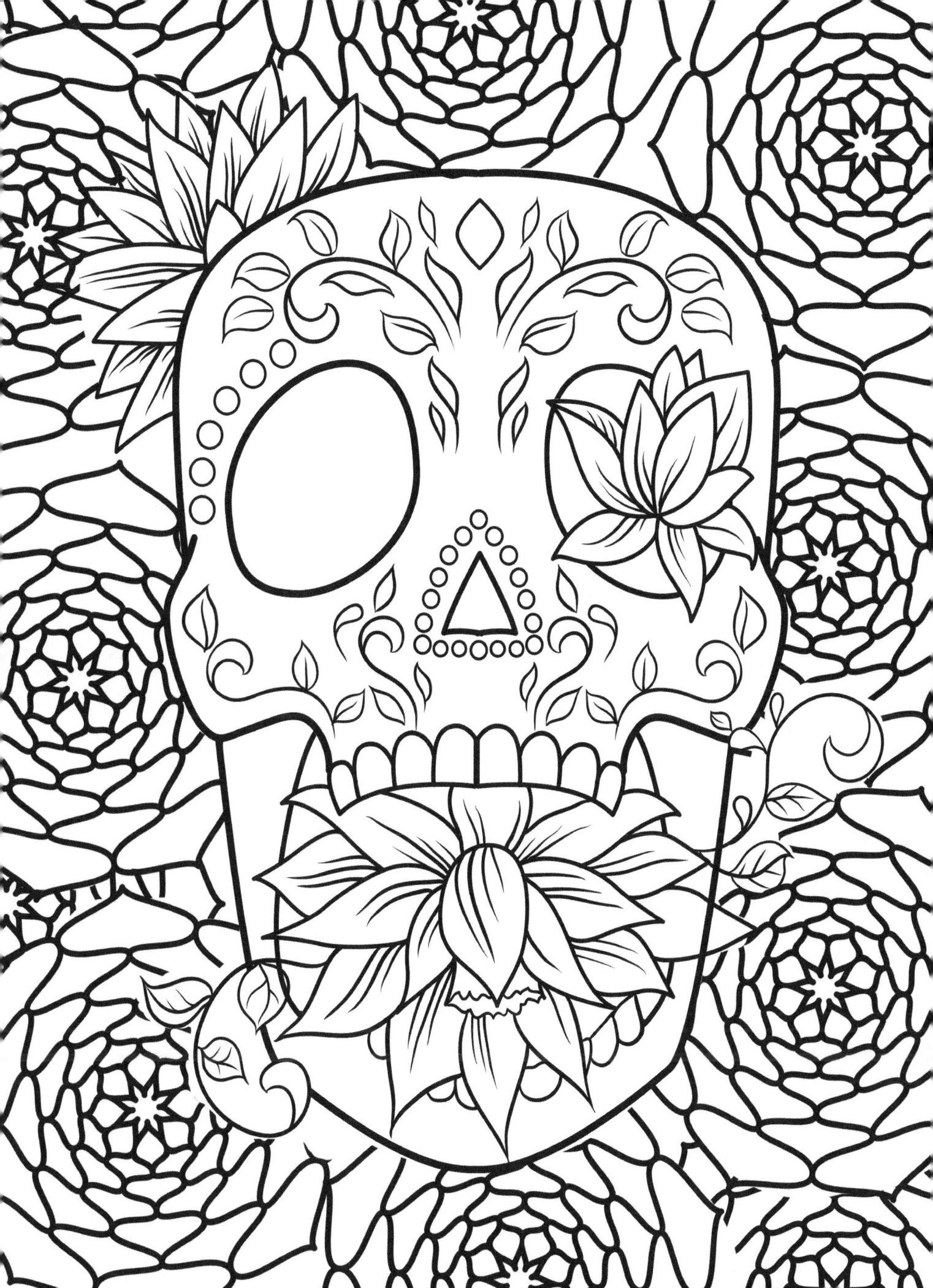

MAZE TIME

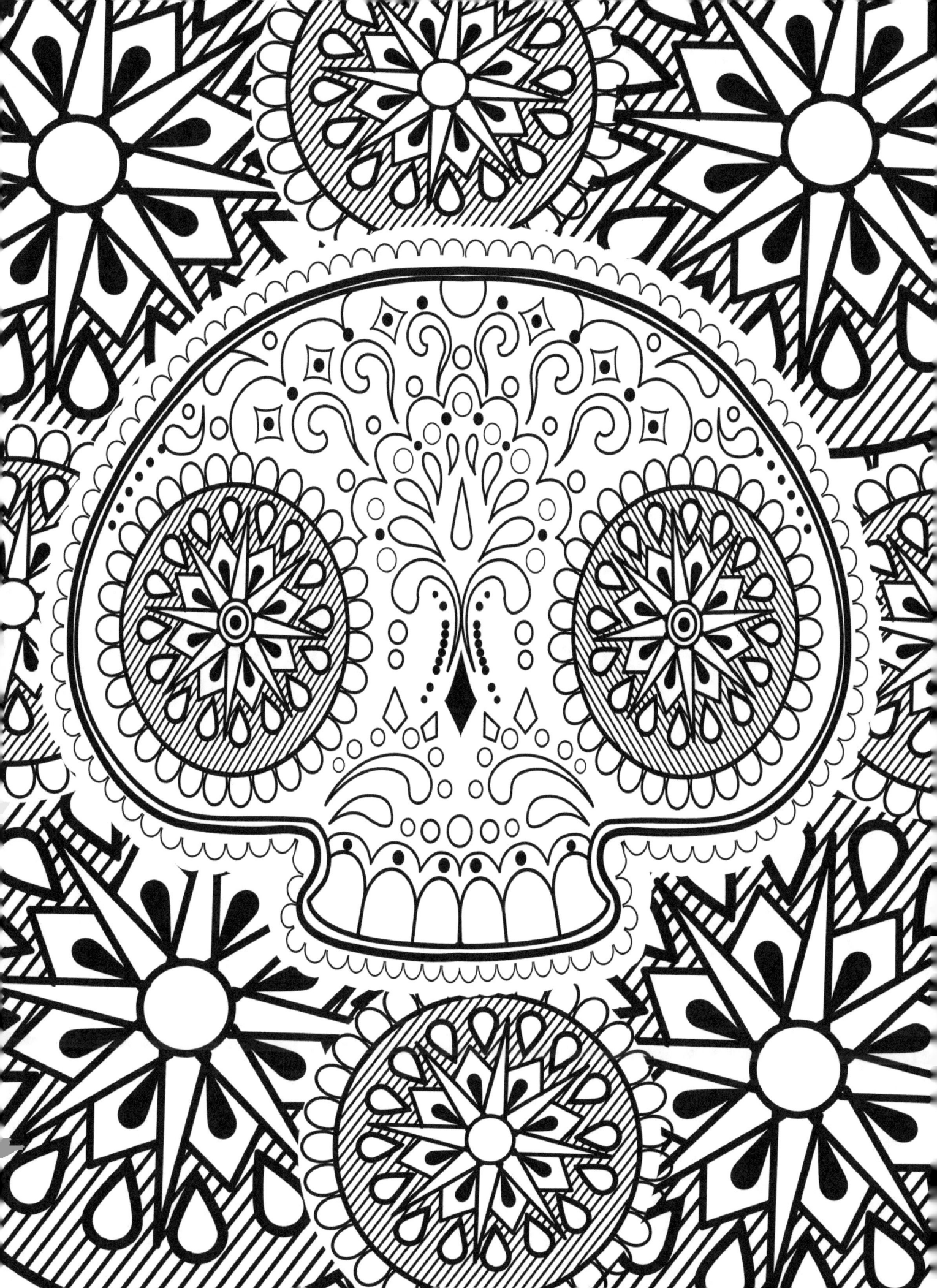

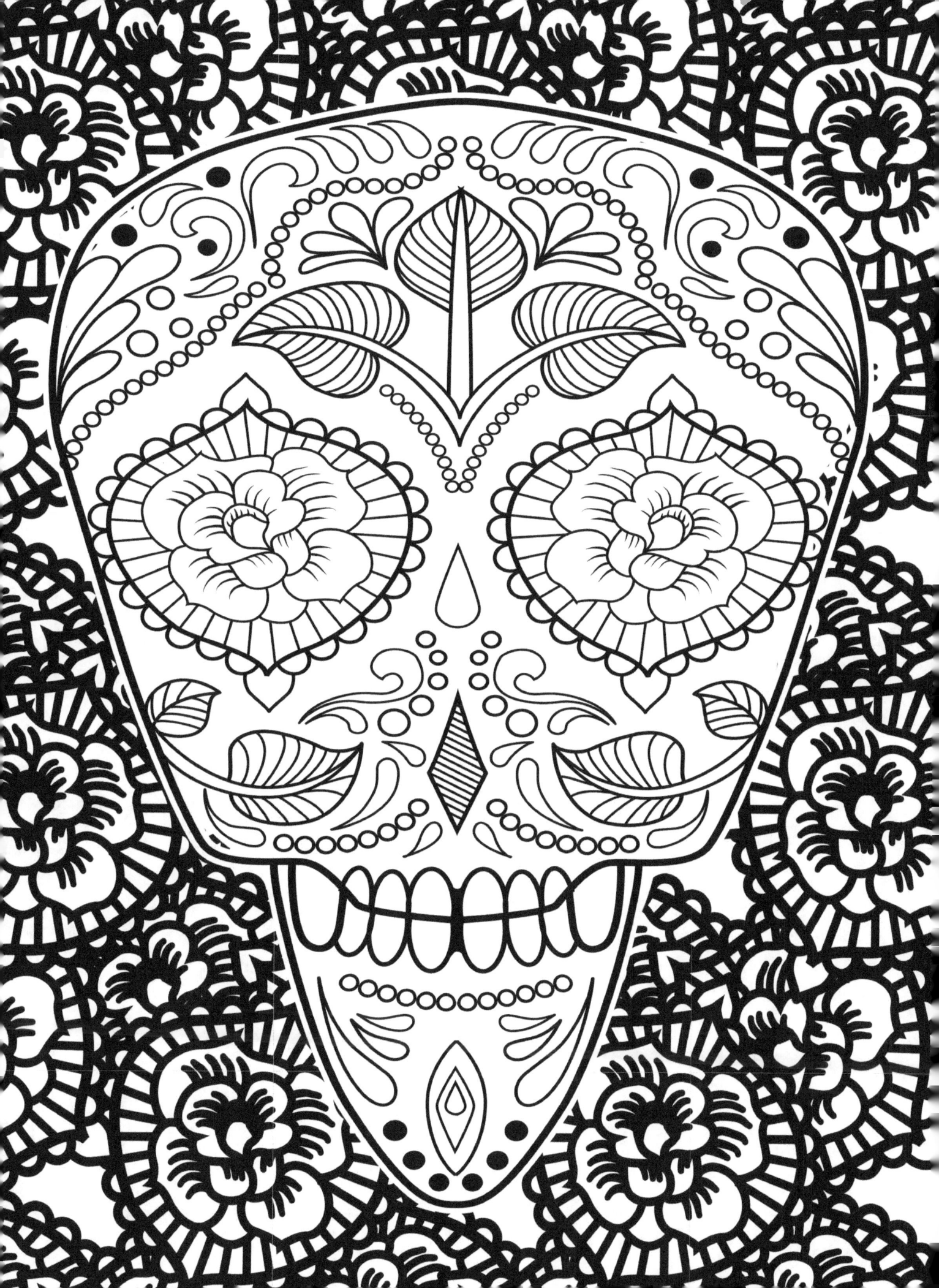

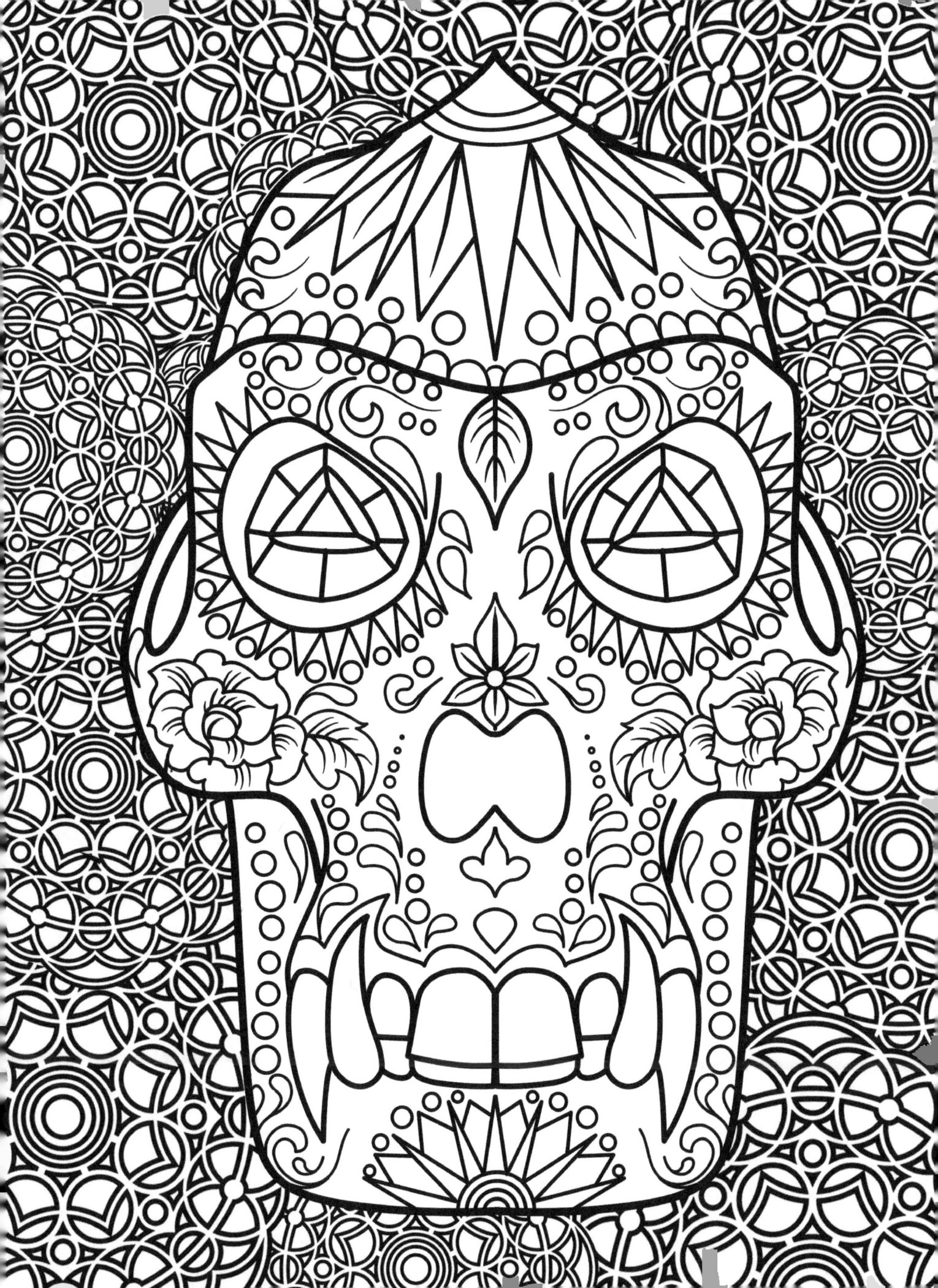

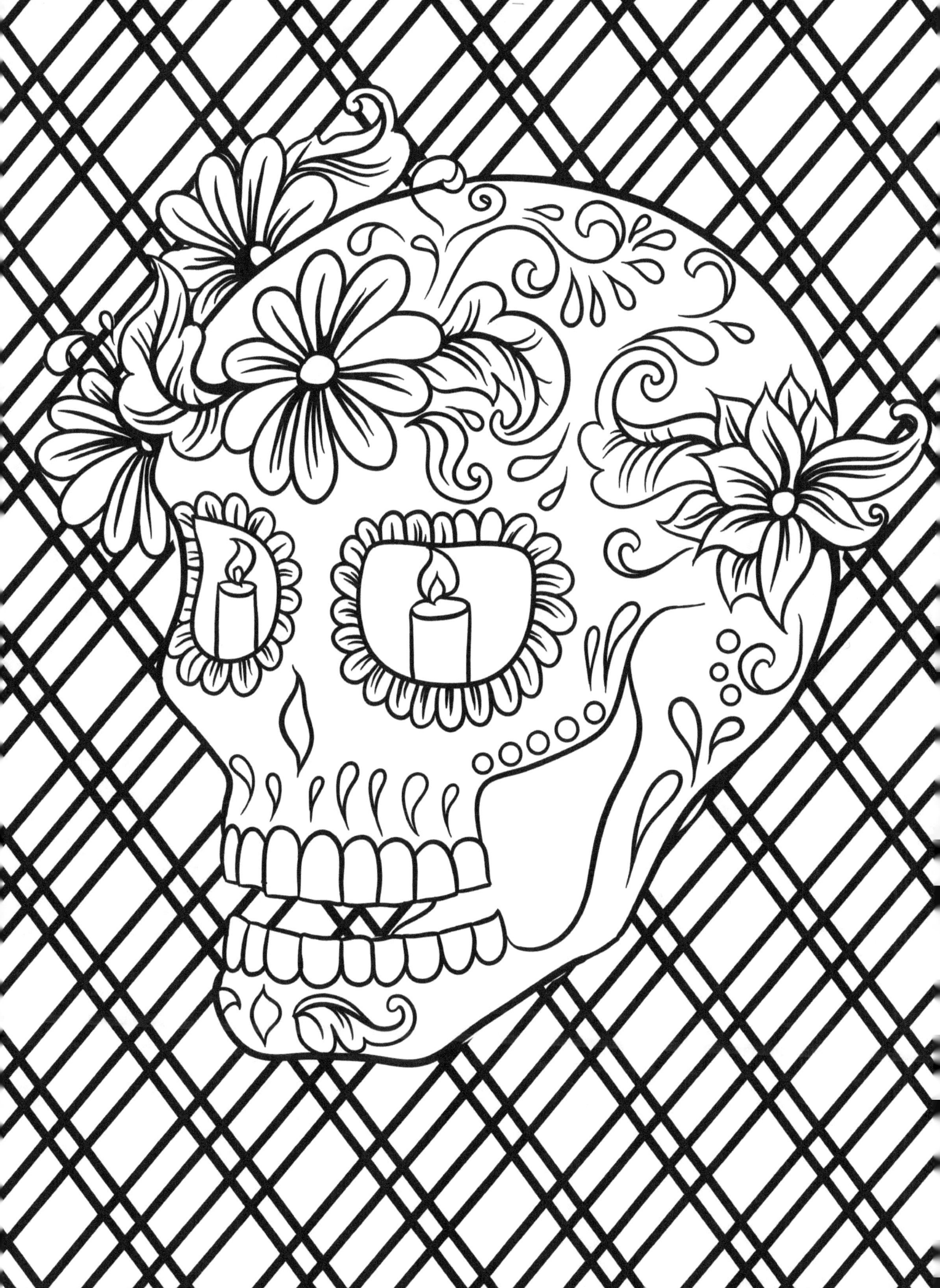

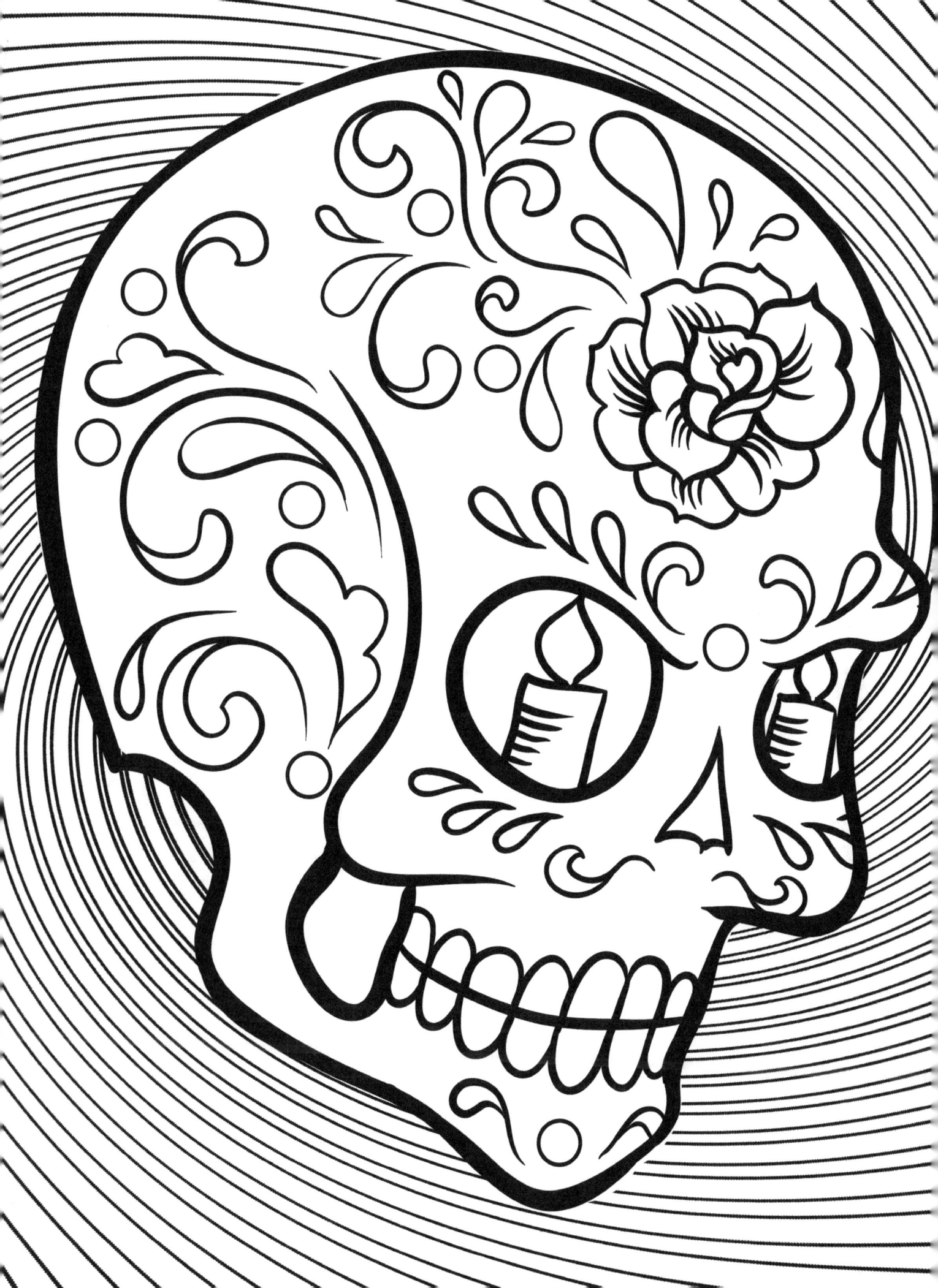

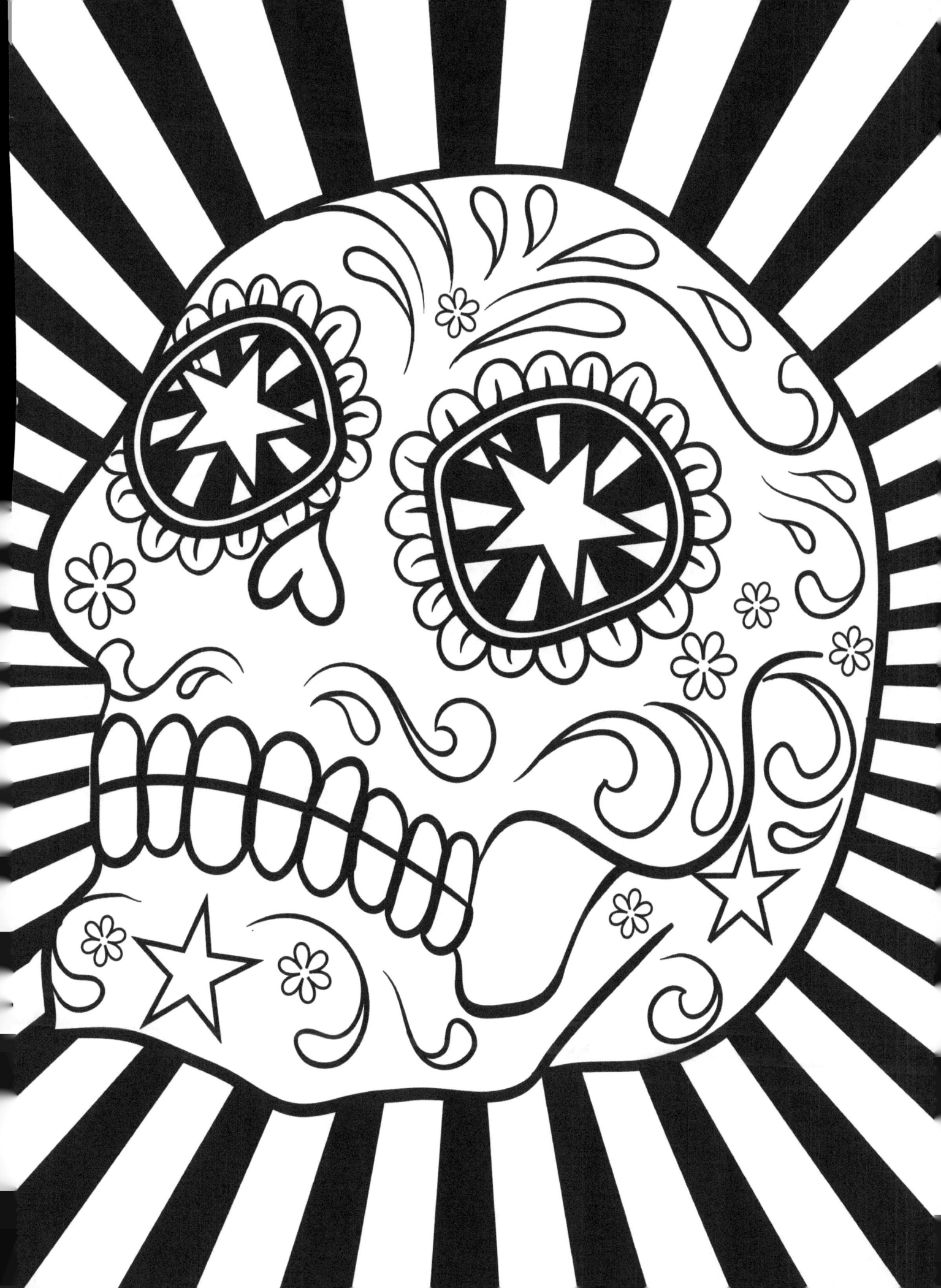

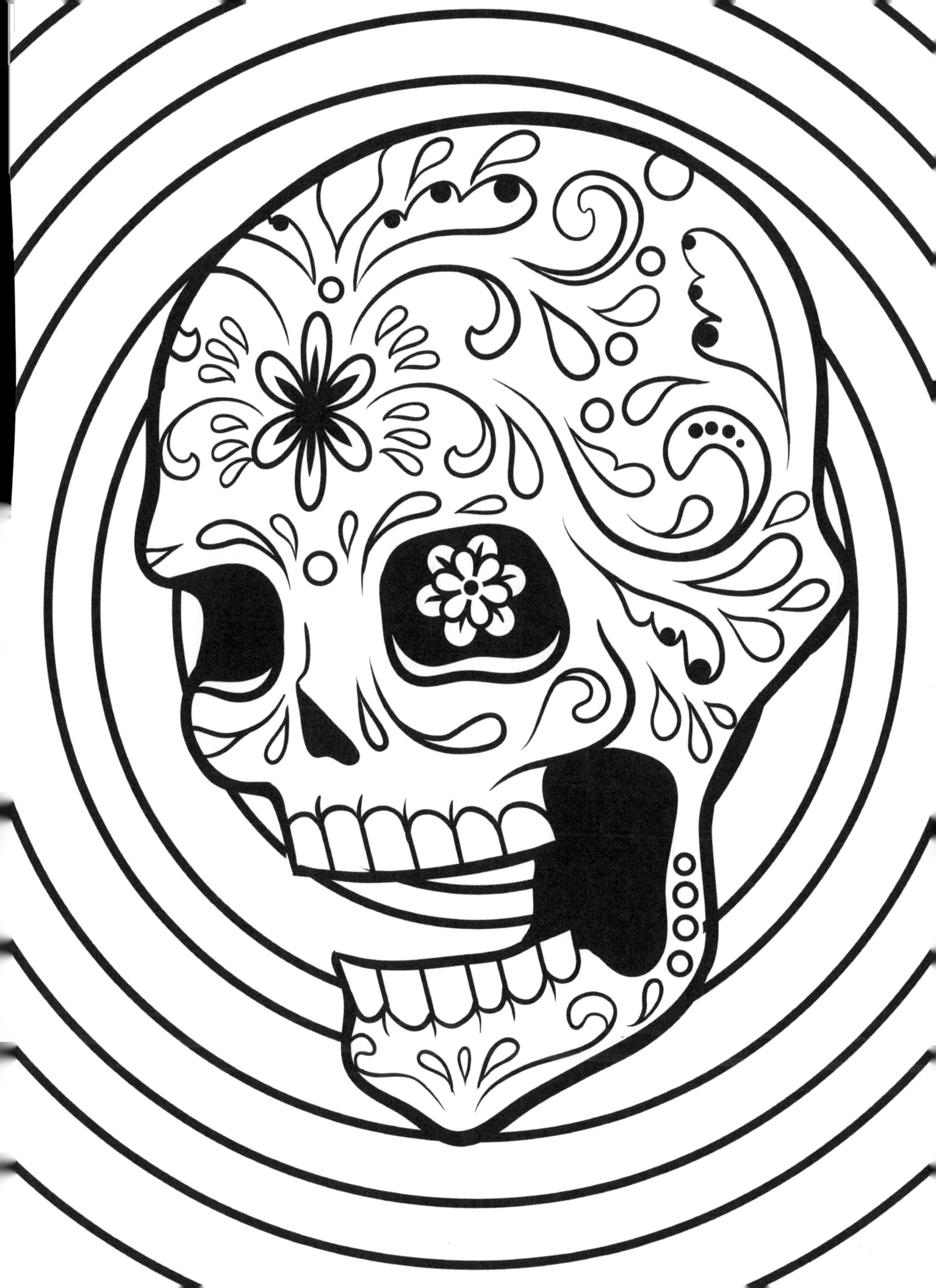